AF243379

DEBUT D'UNE SERIE DE DOCUMENTS
EN COULEUR

LA

REVANCHE DE LA FRANCE PAR LE TRAVAIL

LE

SUFFRAGE UNIVERSEL

HONNÊTEMENT PRATIQUÉ

POURQUOI & COMMENT

Par J.-P. MAZAROZ

Artiste et Industriel

PRIX : 1 FRANC

PARIS

E. DENTU, LIBRAIRE-ÉDITEUR

PALAIS-ROYAL, 17 ET 19, GALERIE D'ORLÉANS

1873

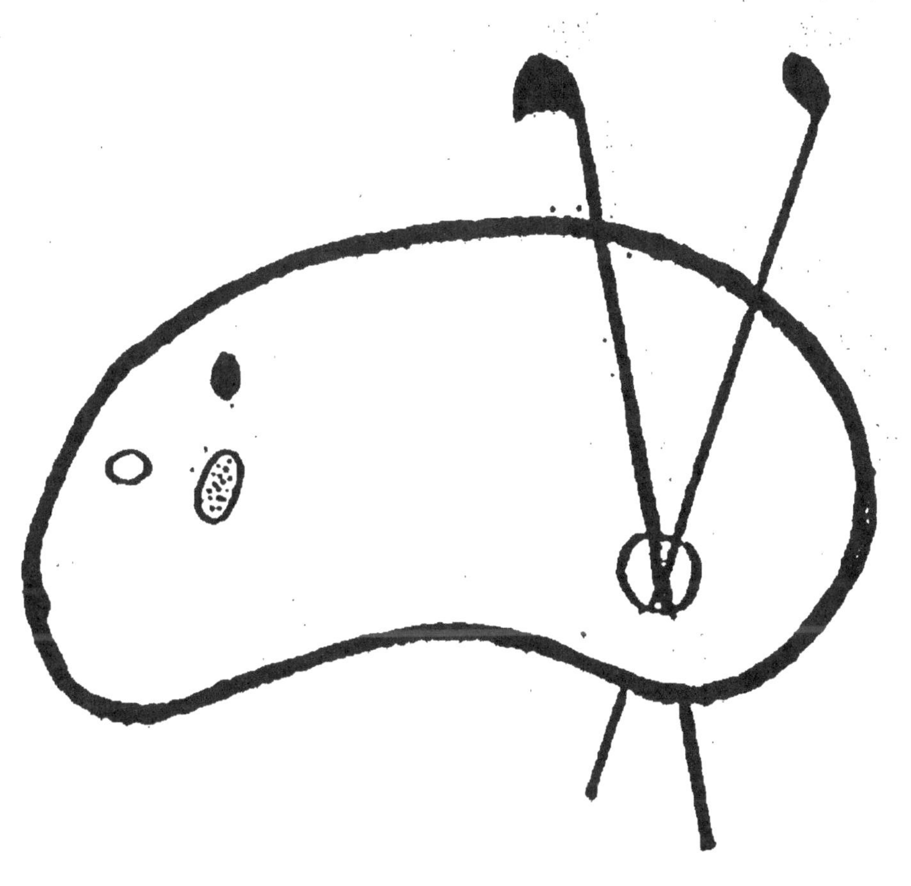

FIN D'UNE SERIE DE DOCUMENTS
EN COULEUR

LA REVANCHE DE LA FRANCE

PAR LE TRAVAIL

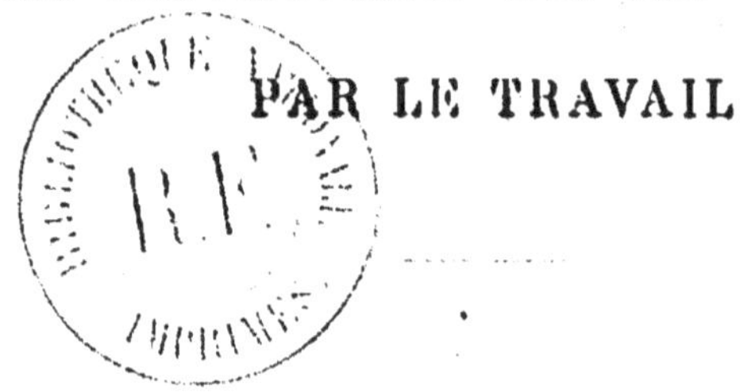

SOMMAIRE

Préface. — La Bourgeoisie de 1791. — La Commune, centre électoral. — Lettre au jury de Vienne. — Idée générale de la famille professionnelle, constitution de celle de l'ameublement prise pour exemple. — La Liberté. — Préparation des champs de bataille de l'avenir entre les classes de la Société.

LA
REVANCHE DE LA FRANCE PAR LE TRAVAIL

LE

SUFFRAGE UNIVERSEL

HONNÊTEMENT PRATIQUÉ

POURQUOI & COMMENT

Par J.-P. MAZAROZ

Artiste et Industriel

PRIX : 1 FRANC

PARIS

E. DENTU, LIBRAIRE-ÉDITEUR

PALAIS ROYAL, 17 ET 19, GALERIE D'ORLÉANS

—

1873

LA REVANCHE DE LA FRACE

PAR LE TRAVAIL

PRÉFACE

Fides, Spes.

« Cecy est un livre de bonne foy », dont chaque ligne est le résumé d'une note prise sur le vif durant ma vie de travail. C'est, en effet, après vingt-cinq ans d'observations journalières, que j'en ai coordonné l'ensemble : je peux donc, selon la belle expression d'un écrivain, invoquer en sa faveur *le jury des faits.*

Ai-je besoin de dire après quelles hésitations, quels doutes, quelles craintes, je me suis décidé à le mettre au jour? Non pas que j'aie redouté les passions mauvaises et jalouses des hommes, car le sentiment du devoir était là qui me rappelait impérieusement le « fais ce que dois, advienne que pourra ».

Mais venir dire à l'heure où nous sommes, même avec les mains pleines de preuves irrécusables, que cette Constitution de 1791, si applaudie, pèche cependant sur plus d'un point essentiel ; qu'elle est notamment la cause de beaucoup de maux et de beaucoup de luttes au milieu desquelles nous nous débattons périodiquement depuis plus de trois quarts de siècle, n'y a-t-il pas là l'énonciation d'un jugement sujet à cassation?

Eh bien! non : j'ai la pleine et entière confiance que ce jugement sera confirmé par tous les esprits droits et pratiques qui auront considéré combien, en présence des faits, sont défectueuses plusieurs de nos lois fondamentales; combien, au lieu de nous arrêter sur les pentes fatales, elles semblent propres à nous pousser vers les cataclysmes.

Alors pourquoi hésiter? pourquoi se résigner à penser et à dire que la vie est un combat qu'il faut livrer dans des conditions dont on n'a pas le choix; que nous sommes ici-bas dans la vallée des larmes; que le bonheur est au delà, et que nous n'en jouirons qu'après avoir victorieusement franchi la voie douloureuse?

Eh bien! non encore, tout cela n'est pas complétement vrai : le bonheur est à la portée de l'homme; il faut seulement savoir le saisir et le fixer, et cela serait facile si les lois imprévoyantes des constituants bourgeois de 1791 à 1800 ne s'y opposaient pas constamment.

Voyons les résultats :

Un des éléments les plus efficaces du bonheur matériel des sociétés, c'est la richesse, fruit du travail. Eh bien! à quoi la France a-t-elle employé la majeure partie de la colossale richesse acquise par son travail depuis la Révolution de 89? A des guerres étrangères, à des guerres civiles!

Ses habitants ont dépensé en guerres, en luttes intestines, en procès, — les chiffres sont là, — plus de dix fois ce qu'il aurait fallu pour assurer le bien-être de tous pendant cette longue période. Et hier encore, de quelles monstrueuses destructions, de quel anéantissement insensé de la propriété publique et privée n'avons-nous pas été les témoins épouvantés?

N'est-il pas absolument nécessaire de prévenir de pareils désastres et de sortir du milieu où il leur est malheureusement donné de se reproduire constamment?

Personne ne nie cela.

Mais les moyens? demande-t-on de toutes parts.

Ces moyens, je les ai cherchés, et je crois fermement les avoir trouvés.

Je les ai formulés dans mon projet de constitution, dont l'esprit converge vers les grands préceptes de solidarité et de fraternité universelles par le travail et la production.

« Fais à autrui ce que tu voudrais qu'il fît pour toi. »

Je me suis efforcé de faire de ce précepte le guide de mon livre comme celui de ma vie.

Mais si quelqu'un, attiré par une moqueuse curiosité, entreprend la lecture de mon livre, croyant y trouver une variante des rêves de Platon ou de Morus, de Campanella ou de Morelly, d'Owen ou de Fourier, je l'arrête dès l'abord en lui disant qu'il se trompe, qu'il n'y rencontrera aucune attaque contre les bases sacrées de toutes les sociétés humaines, filles du temps; qu'il n'y trouvera que l'expression exaltée du respect de la famille légale, de la propriété par le travail ou par l'héritage, de la religion, des droits et des devoirs de l'homme, de son libre arbitre, comme aussi de sa responsabilité devant *ses pairs*.

Je ne propose aucune réorganisation factice du monde au milieu duquel nous vivons; je n'apporte aucune théorie hasardée, aucune panacée menteuse; j'accepte notre société telle qu'elle est, en tournant et développant seulement les efforts communs vers un but plus désirable, par des moyens plus simples, plus faciles, plus pratiques et plus certains : voilà tout.

Je remplace *le steeple-chase* des intérêts privés par celui de l'intérêt général, dans les résultats duquel chacun trouve sa juste part, selon ses efforts et l'estime de ses pairs, prix de son dévouement de tous les jours aux intérêts de tous.

Suis-je un rêveur? Va-t-on me renvoyer à mes outils? va-t-on me conseiller charitablement de ne point gaspiller mon temps, ce capital qui nous manque toujours? Ou bien encore serai-je jugé semblable à ce fou de l'antiquité, lequel, seul au milieu d'un théâtre vide à Argos, croyait assister à une splendide représentation et entendre les concerts les plus harmonieux! Oh alors que l'on ne me réveille pas, j'aime mieux rêver que de croire à un pareil vide dans notre société! Va-t-on me dire que l'entente entre les hommes, que j'espère voir arriver dans un prochain avenir, est un mirage qui s'évanouit à mesure que l'on avance vers lui?

Que m'importe ce que peut penser et dire le doute infécond? J'espère et j'ai la foi !... Je vois dans un avenir rapproché la concorde et le bonheur venant s'asseoir au milieu des familles professionnelles de travailleurs, aussi bien que de propriétaires, répandues sur toute la surface de la France, et qui bientôt iront s'organisant de proche en proche sur le reste du monde, et continuant ainsi, en l'épurant et en l'élargissant, l'idée corporative, fille de notre vieille et noble Patrie.

LA BOURGEOISIE DE 1791

L'organisation de l'intérêt privé des dirigeants, c'est la mort d'une société, tandis que l'organisation de ses intérêts généraux, c'est la vie grande et rayonnante.

PREMIER POINT.

L'histoire ressemble au temps : elle a des jours splendides suivis de sombres lendemains.

C'est ainsi que notre grande Assemblée constituante, après avoir aboli, dans la sainte nuit du 4 août 1789, sur l'initiative enthousiaste de la noblesse et aux applaudissements de la France entière, les droits féodaux, les priviléges, les justices seigneuriales ; après avoir, le 21 janvier 1790, proclamé l'égalité des citoyens devant la loi, et bientôt après l'égalité des partages dans les successions, tout en semant dans les intervalles de ces dates mémorables les créations les plus utiles, en vint à abolir le 13 février 1791 les corporations des arts et métiers.

Ce fut une faute, une grande faute.

**

A Dieu ne plaise cependant que nous venions ici défendre ce qu'il y avait d'abus regrettables dans l'organisation des jurandes et des maîtrises ! Nous connaissons ces abus aussi bien que personne, et nous savons qu'une foule d'entre eux étaient intolérables ; mais c'étaient ces abus qu'il fallait faire disparaître, et non l'utile institution qui était la première à en souffrir. Abat-on un arbre fécond parce que ses feuilles et ses branches sont couvertes d'insectes nuisibles ? Non : l'on détruit ceux-ci, et l'arbre, revivifié, prodigue de nouveau ses fruits savoureux.

Ainsi ne pensa ni n'agit la bourgeoisie parvenue au pouvoir en 1791. Ceux qui la dirigeaient se rappelèrent par quels moyens et associations ils étaient arrivés à leur but. Comme toujours, ce but était dépassé ; ils avaient le pouvoir, ils voulaient le conserver coûte que coûte, et le constituer à leur usage et au profit exclusif de leur intérêt.

.˙.

Dans les assemblées, dans les clubs, dans les administrations ils poussèrent à l'unité et à la force de l'état social qu'ils venaient d'installer.

.˙.

Fatal exemple du règne destructeur de l'individualisme et de la centralisation ! aussitôt que le « **Ote-toi de là que je m'y mette** » fut établi à leur profit, les bourgeois de 91 firent exactement comme tous les pouvoirs : ils oublièrent une partie des pensées justes qui les avaient fait réussir.

(3e édition, pag. 31 32.)

.˙.

Ils coupèrent tous les liens de travail et de religion qui unissaient le peuple français, et qui, tout imparfaits qu'ils étaient, représentaient la source pure du progrès de l'avenir.

.˙.

On exalta de toutes parts et sur tous les tons le mot **Liberté**; en son nom on inonda de sang la France et l'Europe. Personne ne se souvint qu'après avoir nommé les députés et les avoir chargés de faire des lois, le peuple français avait, de son autorité et de sa souveraineté, **limité sa liberté** à l'exécution stricte de l'esprit des lois établies de fait par lui.

(3e édition, pag. 17. 18, 19, 20 et 21.)

Alors **commença** le règne des faiseurs, qui a créé les financiers véreux et les sociétés industrielles non moins véreuses, ruinant l'épargne du peuple depuis trois quarts de siècle.

Le travail fut relégué au deuxième rang, la spéculation le remplaça dans tout et partout.

Disons tout de suite que la bourgeoisie, devenue égoïste et ambitieuse par le succès, a vu péricliter le principe erroné de la société qu'elle avait enfantée dans son intérêt privé, car les soixantedix ans de ce règne hybride ont vu naître presque autant d'émeutes, de sociétés secrètes, que de conspirations et de révolutions.

Disons encore que son œuvre a tout matérialisé, qu'elle a préparé et rendu inévitables tous les désastres qui ont frappé la France, et en dernier lieu les plus terribles, ceux de 1870-1871.

La rédemption de l'humanité qui attend son heure depuis 1789 est prête à éclore en ce moment : **c'est le travail organisé** équitablement, d'après les lois morales de la nature, et non par l'intervention égoïste des ambitieux qui nous conduisent de mal en pis depuis 93.

* *

Aussitôt que la tourmente de cette sombre époque fut apaisée, le travail et les transactions se trouvèrent isolés ; le prolétariat, vaincu en 94 en la personne de la Commune, fut remis à la place qu'il occupait avant 89, moins la **corporation**, qui l'émancipait peu à peu, mais sûrement ; rien ne fut fait ni décrété en faveur de la production : du reste, presque tous les travailleurs avaient été faits soldats.

* *

On les avait jetés par millions sur les champs de bataille. Le prétexte employé fut de protéger les **immortels principes de 89 ;** en réalité, on défendait le pouvoir et les fortunes acquises que l'Europe féodale semblait vouloir disputer à la bourgeoisie française. Les gouvernements étrangers croyaient encore à la **famille européenne des seigneurs** comme seul moyen gouvernemental ; ils pensaient que l'exemple insurrectionnel que la France venait de donner pourrait bien, à un moment plus ou moins prochain, être désastreux pour les titres, les fortunes et les priviléges des pasteurs de ses populations.

* *

Ceux qui voient des idées plus élevées dans les directions gou- vernementales de notre époque se trompent complétement : dans les sociétés tout **est intérêt,** surtout en politique, et il ne s'agit ici que de l'intérêt privé des gouvernants ; malheureusement l'intérêt général est tenu pour rien.

DEUXIÈME POINT.

Le Bien, c'est de ne penser qu'à l'intérêt général par le travail, l'instruction de tous, la production sous toutes ses formes, et de pousser d'une façon générale au développement des intérêts de **tous par eux-mêmes et pour eux-mêmes**. Sous l'influence de ce principe fraternel, tout triplera de valeur; le **bien-être de chacun** sera augmenté par les efforts de tous. Ce bien produit représente la **paix** morale et matérielle, qui enfante le bonheur, la richesse et la force.

(3e édition, pag. 29-36.)

Les bourgeois de 91 n'ont malheureusement jamais pensé à cela. Ils n'ont eu qu'une seule idée (ou du moins ils n'ont mis que celle-là à exécution), **se mettre à la place des classes dépossédées**, former le pouvoir à leur image pour se maintenir aux affaires et protéger leurs intérêts privés.

Les penseurs peuvent dire hardiment et justement que le pouvoir parlementaire, d'où les producteurs sont à peu près exclus depuis bientôt quatre-vingts ans (quand au contraire ils devraient y être en majorité), a tout spécialement servi aux gouvernants qui ont eu le pouvoir depuis cette époque.

Mais, objectera quelqu'un de ces esprits superficiels qui s'en tiennent aux louanges prodiguées éternellement à notre grande Révolution par des prôneurs qui ne voient que le bien et dissimulent le mal et ses résultats; mais vos récriminations contre ces notables, ce tiers état, cette bourgeoisie enfin qui dirigea les affaires de la France de 1791 à 1800, vos récriminations sont de vaines déclamations; elles ne reposent sur rien, vous accusez sans preuves !

Sans preuves? Et toute l'affaire des assignats, et les tripotages scandaleux et criminels auxquels elle donne lieu; et cette émission de **30 milliards** 450 millions 990 mille francs de ce papier-monnaie, dont plus du tiers par coupures de 10,000 francs, décrétée et exécutée dans les cinq derniers mois de 1795; et l'échange de ces grosses coupures par les banquiers et les fournisseurs contre les promesses de mandats territoriaux dont on venait de décréter une émission de 2 milliards 340 millions de francs; et la réouverture de la Bourse pour aider à leur transmission frauduleuse, et la dépréciation de toutes ces valeurs fictives, *dépréciation voulue et poursuivie sciemment*, après qu'elles eurent été appliquées à l'achat de ce qui restait des biens nationaux, des terres de la noblesse et du clergé; et l'effroyable banqueroute qui met le comble à la misère publique, est-ce l'artisan, qui était devant l'ennemi; est-ce le paysan, qui avait précédemment acheté son petit champ; sont-ce les travailleurs et les producteurs, enfin, qui ont fourni à l'histoire de notre pays cette page honteuse et sinistre ?

Non ! ce sont ces mêmes hommes qui étaient alors au pouvoir, les mêmes qui avaient supprimé la corporation au lieu de l'amender, de la développer et de l'améliorer.

Ces hommes avaient pris pour guide le mot de Sieyès : Qu'est-ce que le tiers état? — Rien. — Que doit-il être? — Tout. — Et le travail, et les travailleurs laborieux? pas un mot; et encore, par tiers état, qui devrait être tout, ils n'ont entendu que la partie du tiers état qui était aux affaires, *c'est-à-dire eux.*

.·.

« On connaît les arbres à leurs fruits, » a dit justement le Christ. Si l'opinion publique juge avec ce principe les partis politiques qui tous, les uns comme les autres, sont coupables pour avoir fait périodiquement sombrer la société, le verdict est certain : tôt ou tard ils seront condamnés, car ils sont tous impuissants au même degré ou également malfaisants ; la même et seule idée qui les dirige est **leur intérêt particulier**, ils ont de nouveau replacé le veau d'or sur son piédestal et se sont faits ses grands prêtres.

.˙.

Le Mal, c'est **l'intérêt privé**, mis en tout et partout à la place de **l'intérêt général**.

Les luttes et les compétitions entre les citoyens et les classes de la société sont naturellement la suite de cette combinaison sociale.

.˙.

Les luttes entre les citoyens s'appellent procès, celles entre les classes de la société émeutes et révolutions.

.˙.

Cette situation rend nécessaires les armées permanentes et oisives ; elle multiplie les fonctionnaires et les serviteurs apparents ou occultes du pouvoir.

.˙.

Ce chef-d'œuvre d'organisation sociale des bourgeois de 91 a coûté en moins de deux ans dix milliards à la France ! 1870-71 ! sans compter les budgets et la dette nationale qui augmentent constamment depuis quatre-vingts ans.

.˙.

Faudra-t-il des désastres encore plus grands pour ouvrir enfin les yeux aux Français sur les infirmités de nos rouages sociaux, qui produisent périodiquement de telles souffrances et de telles maladies ?...

.

Les guerres et les luttes sociales n'auront plus de raison d'être quand les intérêts de tous seront organisés, jugés et protégés par les intéressés directs, c'est-à-dire par des congrès et par les assemblées des délégués de toutes les familles professionnelles, lesquelles, par étages, arrivent à résumer et à former les grands pouvoirs de l'État. Ces grands pouvoirs sont ainsi réellement issus de tous; ils en sont l'intelligence et la force; ils représentent exactement leurs besoins; ils jugent chaque chose avec le sentiment bien arrêté par l'esprit des institutions, à savoir qu'ils seront eux-mêmes, le cas échéant, jugés avec le même esprit d'une façon semblable.

(3ᵉ édition, pag. 5, 6 et 7.)

.

En 1848, après les guerres sans exemple du premier empire et une douzaine de révolutions qui en ont été la suite logique, la société française, sentant toute l'insuffisance de son organisation, voulut se donner la sanction générale.

.

Elle établit le suffrage universel des partis politiques, où le scrutin individuel et de liste annule les choix et transforme en luttes politiques des plus passionnées cet instrument de paix qui devrait représenter la concorde, s'il y avait une organisation sociale intelligente. Le suffrage universel actuel étant l'obligation **d'affirmer un parti**, là comme ailleurs l'intérêt général n'existe pas.

.

Malgré cela, le suffrage universel actuel changera sûrement et tour à tour tous les pouvoirs. L'état maladif dans lequel nous vivons par notre fausse organisation sociale fait que nous ne savons nous contenter de rien. Nous pensons toujours être sauvés par des hommes nouveaux, comme un malade par de nouveaux remèdes; mais chez le malade, comme dans notre société, c'est la constitution qui est mauvaise et qu'il faut changer de fond en comble.

.·.

L'esprit de la bourgeoisie de 91 existe toujours, bien qu'elle-même se soit fondue par ses descendants dans toutes les classes de la société, dont elle a divisé les intérêts par ignorance et par peur, tandis qu'étant au pouvoir elle eût dû les associer par des lois bien faciles à établir ou à continuer en les perfectionnant.

.·.

La bourgeoisie de 91, nous l'avons dit plus haut et nous le répétons, a commis une grande faute, nous osons dire un crime. Ayant été émancipée, instruite et enrichie par la **corporation**, elle a tué sa mère, dans la pensée égoïste de l'empêcher de donner dans l'avenir aux autres arrivants des armes contre son autorité, semblables à celles qu'elle avait employées elle-même contre le pouvoir de la noblesse qu'elle venait de détruire.

.·.

Enfin elle a créé à son profit le fameux **diviser pour régner**, par l'individualisme qu'elle a exalté en divinisant pour ainsi dire le mot faux de liberté, par la centralisation qui devait fonder le pouvoir fort, destiné par elle à être exclusivement son héritage et celui de ses successeurs.

Les fiefs et les priviléges de la noblesse ont été remplacés au profit de la bourgeoisie par le **Budget.**

.·.

Et ce budget, démesurément grossi pendant les quatre-vingts ans du règne de la centralisation, elle n'a même pas su le défendre contre les convoitises de l'Allemagne !

.·.

Ce n'est pas la forte race formée aux durs labeurs des corporations qui eût permis à la Prusse besoigneuse d'y toucher !

.·.

Et cependant les malheurs et les luttes qui découlent et découleront toujours de la fausse organisation sociale créée par les bourgeois de notre première révolution sont tellement grands, que les sommes immenses données à l'Allemagne deviendraient un bienfait si cela nous ouvrait les yeux.

.·.

Après l'Allemagne, le prolétaire parisien, moins ambitieux que les Allemands, a voulu, au profit des membres de la Commune, s'approprier l'immense budget municipal de la ville de Paris.

.·.

La leçon que les lois morales de la nature nous donnent par ces grands faits d'histoire se résume ainsi : Tant que les budgets seront le véritable patrimoine de la tête du parti arrivé au pouvoir, au lieu de servir équitablement les intérêts généraux de la nation, il y aura de grandes luttes entre les classes de la société et entre les gouvernements européens ; mais si l'organisation équitable de tous les intérêts par les familles professionnelles était créée, le budget deviendrait réellement le patrimoine de tous ; il ne payerait que des services réellement rendus, et alors les luttes, devenues impossibles, n'auraient plus leur raison d'être.

.˙.

Nous avons dit que le budget a, par le fait, remplacé pour la bourgeoisie les fiefs et priviléges de la noblesse; on voit claire-ment que, pour amener un tel résultat, semblable au fond à ce qui existait, il n'était pas d'une utilité bien démontrée pour le peuple français de se faire tuer deux millions d'hommes dans les révolutions et les guerres de la République et de l'Empire.

CONCLUSION.

Eh bien! puisque les descendants de la noblesse française, reconnaissant que leurs priviléges n'étaient plus en rapport avec le progrès créé par les corpora-tions, ont généreusement, dans la nuit du 4 août 1789, déposé sur l'autel de la patrie la renonciation à tous leurs priviléges,

.˙.

N'est-il pas logique, et le temps n'est-il pas venu, après quatre-vingts ans d'essais malheureux et désas-treux qui ne sont qu'un tissu de discordes et de batailles sociales;

Le temps n'est-il pas venu, disons-nous, pour les dirigeants, de déposer sur l'autel de la patrie les mal-heureuses lois qui ont créé l'individualisme et la cen-tralisation, double source de nos désastres, et de se mettre de suite à l'œuvre pour organiser la produc-tion et le travail ?

LE TRAVAIL.

C'est du travail qu'émane et procède le capital. On peut dire dans le langage figuré que le travail est le père et que le capital est le fils. Si des gouvernants ou des révolutionnaires malhabiles ôtaient au fils même une minime partie de ses droits, ils frapperaient du même coup le père, et tariraient par là la source de toute production.

La propriété est donc, par cette vérité incontestable, encore plus sacrée que cela n'a été dit et compris, quelle que soit du reste son origine, quand le temps et la prescription l'ont rendue indiscutable.

Les producteurs et les travailleurs sont donc les seuls éléments intéressants de l'activité humaine ; l'organisation sociale doit, par suite, être établie pour eux et par eux selon les règles de la justice proportionnelle qui découle de la nature.

Personne, du reste, n'est oisif dans la vie sociale ; les propriétaires ne sont par le fait que les commanditaires de la culture, des habitations, du commerce et de l'industrie, lorsque, comme en Angleterre, ils ne professent pas eux-mêmes ; c'est la récompense et la deuxième période du travail. La confiance qui naîtra de l'état social définitif dotera le travail sérieux de tout le capital dont il aura besoin, sous la surveillance des familles professionnelles.

Mais il ne faut pas que les producteurs ni les travailleurs s'y trompent : la Commune de 1794 et celle de 1871 n'étaient autres que des nouvelles couches de bourgeoisie qui se levaient sous l'action du mécontentement général de ces époques. Ces couches bourgeoises, si elles avaient conservé le pouvoir, auraient, tout comme les autres, fait leur lit et sacrifié à leur intérêt privé tout ce qui n'aurait pas fait partie du noyau de leurs gouvernants frères et amis ; le prolétariat serait sorti de là comme il est sorti de toutes les révolutions qu'il a faites au profit de ses meneurs, c'est-à-dire un peu plus malmené, un peu plus malheureux.

La leçon se résume ainsi :

L'organisation sociale de la bourgeoisie de 1791, créée par elle et pour elle, a fait de la politique, dans tous les partis qui en sont issus depuis cette époque, des métiers et des *professions* ; mais de convictions, point : de là les concurrences politiques qui rendent impossibles toute tranquillité et toute stabilité depuis quatre-vingts ans.

CONSIDÉRATION.

En tout imitons la nature et ses lois divines, et nous ne ferons jamais fausse route. Là tout est art, là tout est science, c'est-à-dire beau par la forme et le fond : le bien, le bon, le juste, le vrai, découlent toujours de cet ensemble harmonieux.

Laissons répéter que la nature a des mystères inimitables, inconnus et insondables ; mais si nous savons les imiter dans ce qu'ils ont d'apparent pour nous, nous aurons largement rempli notre œuvre, et cette voie nous conduira avec certitude à leur connaissance toujours plus parfaite.

Remarquons bien ce fait : Les lois de la nature sont toutes organisées pour **l'intérêt général**, *et pour elle l'intérêt individuel vient en second ordre ; sa loi de répartition est en tout et partout proportionnelle et juste.*

Sachons nous y conformer : tout est là.

LA COMMUNE

CENTRE ÉLECTORAL

> Le centre électoral à la commune,
> c'est la division des intérêts amenée
> à l'état d'institution.
>
> Tandis que le centre électoral,
> basé sur le groupe professionnel,
> constitue l'union et la fusion de tous
> les intérêts.

Une des grandes erreurs des constituants de 1791, c'est d'avoir fait de la commune le centre électoral.

Ces hommes n'avaient étudié que par le côté passionné de leur intelligence les institutions séculaires du pays, qui, tout imparfaites qu'elles étaient, avaient néanmoins créé la France grande, forte, riche et artiste, et l'avaient mise à même de manifester ces grands résultats par les trois époques de la Renaissance.

La commune n'est, n'a été et ne sera jamais que le centre administratif des sociétés : c'est la police, la voirie, l'hygiène, l'instruction de l'enfance, et de l'adulte, l'assistance publique, etc. ; mais le centre politique, **jamais**. Ceci est d'une vérité saisissante et incontestable.

Les cultivateurs, en effet, les vignerons, les propriétaires, les marbriers, les rentiers, les menuisiers, les marchands, les exportateurs, les importateurs, etc., etc., ont dans l'administration de la commune, c'est-à-dire pour la police, la voirie, l'hygiène, l'assistance publique, etc., etc., des intérêts **absolument identiques**.

Tandis qu'en politique toutes les professions ou états sociaux de chaque commune ont des besoins et **des intérêts généraux absolument différents,** et cela à tous les points de vue, impôts, droits d'entrée, traités de commerce, spécialité d'instruction, etc.

Les professions, possédant chacune et exerçant le droit et la fonction électorale dans le département, n'ayant, comme nous venons de le dire, que des intérêts identiques et absolument les mêmes, leurs conseils de famille désigneront naturellement les hommes les plus capables de protéger ces intérêts.

Le syndicat général du département viendra ensuite proposer une proportion dans tous ces choix, et présenter en triple à la nomination du suffrage universel les véritables représentants de la production et du travail.

Les hommes ainsi choisis défendront les intérêts généraux de leurs mandants et ceux du pays, mais non les intérêts privés d'un parti, comme cela a lieu par le mode du suffrage universel d'aujourd'hui, **qui est l'esclavage complet de l'électeur,** lequel considère sûrement son vote comme perdu s'il ne l'accorde pas au candidat d'un des partis en présence et en lutte. Cette situation est la seule cause des abstentions considérables qui se remarquent toujours dans toutes les manifestations du suffrage universel actuel : les abstentions sont pour la plupart des protestations.

⁂

Ici, comme dans toutes les manifestations de l'activité sociale, on connaît la valeur des institutions à leurs résultats. Diviser les électeurs par commune pour le vote seulement, et ôter à la commune la discussion politique, est un non-sens: aussi les révolutionnaires ont-ils deux fois, par des résultats terribles (la Commune de Paris de 1793 et celle de 1871), démontré aux bourgeois de 91 que, quand on a la prétention de donner des institutions à son pays, il faut étudier mieux qu'ils ne l'ont fait celles que le passé nous a transmises, lesquelles doivent être les principaux éléments d'observation pour les fondateurs de sociétés nouvelles.

⁂

La bourgeoisie de 91 ne s'est pas embarrassée de cela : elle constituait un gouvernement et une société pour elle, et se souciait peu des terribles conséquences que ses créations auraient dans l'avenir.

⁂

Les corporations la gênaient, car elles représentaient une organisation, et la bourgeoisie n'en voulait pas d'autre que la sienne. C'est pourquoi elle s'est empressée **de les détruire;** elle a donc dépouillé par ce fait le bas de la société, en lui ôtant les moyens d'émancipation par le travail, au lieu de les développer, ce qui était son devoir strict. Elle a ainsi préparé toutes nos émeutes, toutes nos révolutions, toutes nos divisions et toutes nos ruines.

Le vote à la commune représentait le mélange et la lutte des intérêts, enfin **la tour de Babel des mandants par la division politique;** mais, comme tout cela était son but et son programme, la bourgeoisie se hâta de constituer la **commune centre électoral politique,** aux lieu et place de **la corporation,** que la saine logique lui désignait pour cette mission.

.·.

Nous ne voulons pas toujours et partout répéter tout ce que la division électorale par spécialités d'intérêts, de commerce et d'industrie, contient de logique, de lumières et de vérités ; nous nous contentons de le démontrer ici par un fait bien connu et que voici : Deux cents ouvriers se réunissent pour nommer le bureau de leur société de secours mutuels. Quatre-vingt-dix-neuf fois sur cent, ils nommeront les plus honnêtes, les plus intelligents, les plus rangés d'entre eux.

Que ces mêmes ouvriers soient appelés à nommer un des leurs député à l'Assemblée nationale. Soyez sûr qu'ils éliront le plus violent, le plus révolutionnaire de tous.

Il y a là toute une révélation qui frappe l'intelligence la moins attentive, et lui fait saisir avec une souveraine clarté tout ce que le vote par professions a de sage, tout ce que l'élection purement politique a de dangereux.

.·.

Les classes qui possèdent croient que celles qui possèdent moins veulent constamment se jeter sur elles pour les piller et les déposséder.

.·.

Les meneurs politiques persuadent aux classes qui ne possèdent pas que les autres veulent leur enlever tous les moyens d'émancipation, les tenir toujours dans un état d'ignorance et d'infériorité, enfin les pressurer et les exploiter de toutes les façons et sous toutes les formes.

.·.

De là les défiances et les haines mutuelles.

Voilà les sentiments faux et les malentendus qui animent les classes de la société les unes contre les autres depuis déjà bien longtemps.

.·.

C'est le fruit de l'organisation sociale égoïste que les constituants de 1791 nous ont léguée.

.·.

On voit tout de suite qu'avec une société semblable le rôle des *faiseurs politiques* a été facile. La calomnie est devenue l'agent le plus efficace; aussi est-elle largement pratiquée : ils distillent par elle l'envie et la haine dans les cœurs. Il n'est donc pas étonnant que leurs agissements nous plongent et replongent depuis près de quatre-vingts-dix ans dans toutes les luttes, dans toutes les ruines et dans toutes les hontes.

LETTRE

A MM. LES MEMBRES DU JURY INTERNATIONAL

DE L'EXPOSITION UNIVERSELLE DE VIENNE (AUTRICHE) 1873

MESSIEURS LES JURÉS,

J'ai l'honneur de présenter à votre haute appréciation un livre que j'ai écrit en 1871, sur des notes prises pendant ma vie de travail. J'ai publié ce livre en janvier 1872. C'est un projet de constitution pour la France, mais applicable à tous les peuples civilisés, car l'organisation qui y est développée est puisée dans les lois de la nature, qui sont nos guides éternels.

J'ai intitulé mon livre : *La Revanche de la France par le travail.*

Je viens vous demander la permission, messieurs les Jurés, de vous en présenter l'idée sous son jour pratique.

Mon livre contient l'essai de la réorganisation de la *famille professionnelle* d'après les lois naturelles.

La *famille professionnelle* est le complément forcé de la famille consanguine, c'est la seconde face intelligente et active ; sa réorganisation sera le point de départ de l'humanité vers ses nouvelles destinées.

Son développement immédiat, qui est simple et facile, me paraît un besoin urgent ; les derniers et terribles événements de 1870-1871, résultats des fausses spéculations de la société française, sont l'indice évident de ce besoin.

Ces événements forment le quatrième avertissement que, depuis soixante-dix ans, les lois de la nature donnent à la société française ; malgré cela, elle continue à vivre sans constituer une organisation sociale en rapport avec son avancement.

Son mal a deux causes fondamentales :

1° L'abolition des *corporations, maîtrises* et *jurandes*.

Ces institutions étaient sans doute abusives, comme la généralité de celles qui existaient à cette époque ; malgré cela, elles procédaient d'un principe vrai : il fallait donc les réformer, mais non pas les détruire, comme cela a été fait en 1791. Rien ne doit être détruit, mais perfectionné et par cela même transformé.

2° Le *suffrage universel*, avec sa forme actuelle, imprudemment conféré avant l'époque logique et normale de la maturité à un peuple d'imagination ardente et surtout manquant complétement de liens, d'organisation sociale et, partant, d'esprit public.

Il est aussi d'autres maux dont nous souffrons, mais les causes primordiales, fondamentales de notre arrêt dans la voie du progrès, sont les deux faits ci-dessus énoncés.

Tous les nobles et savants efforts que le gouvernement de la France fait en ce moment pour régénérer notre pays seront forcément incomplets, s'il n'arrive à rendre intelligent le suffrage universel qui aujourd'hui est aveugle.

Le suffrage universel, tel qu'il est organisé actuellement, est l'arme terrible mise tour à tour au pouvoir du despotisme d'en haut et du despotisme d'en bas; il réagit sans mesure contre un pouvoir qui, en apparence ou en réalité, vient de commettre des fautes, et peut quelque temps après tomber dans l'excès contraire, nous donnant ainsi un gouvernement entraîné, dans un autre sens, à des écarts bien autrement dangereux.

Avec le suffrage universel actuel, neuf électeurs sur dix ne connaissent absolument pas le député qu'ils nomment.

Pour le rendre intelligent, il faut établir le *suffrage universel éclairé*, en organisant au plus vite les *familles professionnelles*, dont les syndicats désigneront des députés spéciaux en proportion équitable avec toutes les forces productives du pays. Alors, et seulement alors, la France sera bien représentée et les intérêts du pays bien dirigés.

Le suffrage universel choisira dans les désignations faites par ses chambres syndicales : aujourd'hui il ne peut choisir, il suit l'impulsion de ses proches ou bien celle d'un parti, toujours passionné.

Cette organisation est simple comme toutes les choses rationnelles.

Les *familles professionnelles*, telles que la nature, les individus et l'esprit d'association par la famille les ont formées, prennent leurs bases, comme élément politique, dans la division électorale de chaque département, par profession ou groupes de professions similaires.

Les professions de l'agriculture sont cantonales, et leurs syndicats sont les comices agricoles.

Les syndicats des intérêts généraux sont les conseils municipaux nommés dans chaque commune.

Les présidents de tous les syndicats, comices agricoles et conseils ou groupes de conseils municipaux, forment le syndicat général, résumant toutes les forces et tous les pouvoirs dans chaque département.

 Les présidents des syndicats généraux de tous les départements forment la haute cour et le tribunal suprême de la France.

Ce sont les similitudes de goûts, d'instincts, de besoins, de tempéraments, d'aspirations, d'avancement moral et matériel, qui réunissent les individus dans les mêmes professions ; la profession est donc bien la deuxième famille indiquée ou plutôt *imposée* à l'homme par les lois naturelles.

Je crois pouvoir vous assurer, messieurs les Jurés, qu'il découlera de cet ordre de choses, dans un avenir très-rapproché, un bien aussi grand que celui produit par l'établissement définitif de la famille consanguine par le mariage.

Il naîtra de cela un état social issu de la justice, qui produira de suite *la force, la fortune et le bien-être général.*

La Chambre des députés ainsi nommée inaugurera la politique des affaires, du travail et des intérêts, laquelle remplacera pour toujours la politique de la passion, du sentiment et de l'intérêt particulier dont nous souffrons depuis le commencement de ce siècle. La forme du gouvernement, au lieu d'être la chose principale, deviendra absolument secondaire, le fond emportera la forme ; cette dernière sera l'étiquette, mais l'organisation du pays sera la chose, et nous aurons par cela le véritable gouvernement de *tous, par tous, et pour tous.*

Le complément indispensable de cet état social est l'établissement immédiat des *trois grandes caisses nationales* esquissées dans mon livre.

En effet, le seul reproche véritable que le travailleur laborieux puisse faire à la société, c'est que le *fantôme de la misère est toujours à sa porte ;* une maladie, un accident, peuvent à tout instant lui faciliter l'entrée.

Garantir la sécurité du lendemain aux travailleurs laborieux, c'est la donner en même temps à toutes les classes de la société, à toutes les branches de l'activité humaine, lesquelles, dans l'*état social de transition* où nous vivons depuis soixante-dix ans, ne sont absolument sûres de rien. Le propriétaire ne sait pas si la maison qu'il bâtit ne sera pas brûlée par l'émeute; le commerçant et l'industriel, pour leurs transactions, ne sont pas sûrs du lendemain, etc., etc.

Messieurs les Jurés, toutes ces garanties indispensables seraient acquises par une seule loi, qui accomplira ce grand acte de justice et dont la mise à exécution est d'une facilité élémentaire.

Il faut partir de ce principe : La France, comme un individu laborieux, peut et doit faire en vingt ans la fortune de tous ses enfants, et cela *avec une minime partie de son épargne.*

Je pense, messieurs les Jurés, que la société, après avoir assuré le lendemain à tous les travailleurs laborieux en cas de maladie, chômage, vieillesse ou autres incapacités, *devra,* par l'organe des familles professionnelles et des conseils municipaux, *exiger :*

1° Chaque jour la justification de dix heures de travail, d'études ou d'emploi ;

2° La justification par les chefs de famille que les enfants des deux sexes reçoivent ou ont reçu l'instruction primaire et l'instruction professionnelle dans une exploitation commerciale ou industrielle, publique ou privée, de telle façon qu'en un temps donné il n'existe aucun arbre social qui ne rapporte de beaux et bons fruits, et cela en quantité suffisante.

Ces conditions, messieurs les Jurés, sont indispensables pour la moralisation générale et pour l'augmentation progressive de la richesse publique et privée.

De plus,

Tout cela constitue un contrat équitable et honorable entre la société et les individus, contrat absolument libre de la part du citoyen, mais dont l'exécution, *par la force des institutions qui découleront de la famille professionnelle,* deviendra, comme le mariage, nécessaire et presque inévitable.

En résumé, la famille professionnelle est destinée à fermer toutes les portes du mal et à ouvrir à deux battants toutes celles du bien.

En cet état, les conditions à exiger de l'individu par la société sont donc triples : *travail, instruction* et *apprentissage intelligent*. Je ne veux pas faire ressortir ici l'urgence des deux premières conditions, elle est trop évidente; mais permettez-moi, messieurs les Jurés, de vous dire un mot de la troisième, *l'apprentissage.*

Depuis le retour de la paix sociale en France, je vois beaucoup de sociétés philanthropiques, pleines de bonnes intentions, s'organiser pour trouver du travail aux ouvriers; il y en a une qui fonctionne dans mon arrondissement.

Ces sociétés me semblent ne voir ni savoir qu'il n'y a plus d'ouvriers en nombre suffisant. Si la société ne porte remède à cet état de choses, de toutes parts la production va nous manquer.

Voici ce qui se passe depuis vingt-cinq ans à Paris : Il ne se fait presque plus d'élèves dans les professions industrielles sérieuses, nous tirons nos ouvriers de la province et de l'étranger; les parents exigent tous, de suite, un gain quelconque pour leurs enfants. Ne pouvant payer un contre-maître à neuf francs par jour, donner du bois, du fer ou de l'étoffe à gâter à des élèves, et pendant ce temps les payer en plus, nous refusons. Alors les parents mettent leurs enfants dans les professions où les patrons, tirant un produit immédiat des apprentis, peuvent les rémunérer faiblement. Ces professions sont généralement celles des lanceurs de navette, dans les ateliers de tissage de Belleville et Ménilmontant; gâcheurs de couleurs et tireurs de papiers, dans les fabriques de papiers peints; plieurs, porteurs et brocheurs, dans les imprimeries et ateliers de reliure; polisseurs, finisseurs, balanceurs, vernisseurs, etc., etc. Enfin ce sont là des accessoires de professions, que des machines simples à inventer et à construire devraient remplacer pour la plupart, mais non des professions sérieuses.

Les enfants, moins surveillés, deviennent marchands de contre-marques, ouvreurs de voitures, etc., etc. Bref, tous les métiers interlopes, qui fourmillent dans Paris, sont exercés plus ou moins bien par ces enfants.

Comme conséquences : 1° Il ne se fait pour ainsi dire pas d'élèves dans les professions du bâtiment, de l'ameublement et du vêtement;

2° Ces professions, qui périclitent, manquant de bras, augmentent la valeur de leurs produits d'une façon insensée depuis trente ans;

3° Tous ces enfants arrivent à vingt ans n'ayant aucun métier sérieux entre les mains. Ne pouvant se donner les jouissances de la vie, que chez les autres ils ont constamment devant les yeux, ils deviennent pour la plupart jaloux de ceux qu'ils nomment leurs exploiteurs. Arrivés là, ils sont devenus les véritables ennemis de la société. Aussi la société parisienne, en ne s'occupant pas d'obliger et d'aider les apprentissages, crée et met au monde tous les vingt ans une armée du mal, composée de *cent mille individus* au minimum, toujours prête à se mettre au service de toutes les exagérations politiques et sociales qu'engendrent périodiquement les malentendus existant entre les classes de la société.

Maintenant, messieurs les membres du Jury international, je pourrais vous répéter la même pensée sur beaucoup de choses qui existent et qui fonctionnent tous les jours; mais ce ne sont que des détails résultant de l'ensemble inharmonique de notre société, démolie, mais non reconstruite, par la révolution de 89 ; aussi, messieurs, je désire ne vous parler que de l'ensemble.

Milton a dit, dans son *Paradis perdu*, qu'un ange envoyé par

Dieu avait d'un coup d'aile dérangé la marche de notre planète, pour punir les humains de leurs fautes; qu'il avait changé par là nos saisons. Au printemps éternel dont nous avions joui auraient alors succédé des changements de température et des climats différents, qui rôtissent l'homme ou le font geler, suivant les saisons et les latitudes.

Notre société, messieurs les Jurés, est dans la position de la terre après le coup d'aile de l'ange; nous sommes tour à tour gelés ou rôtis par les différents partis qui s'arrachent alternativement le pouvoir depuis soixante-dix ans. Le peuple français souffre et paye toujours. Lui, un des plus intelligents, des plus courageux, des plus travailleurs de tous les peuples de la terre, et aussi un des plus riches, politiquement, il est le plus malheureux.

Tout cela parce que l'ange de 89, faillant à sa mission, a étouffé dans son enfance, en la personne des *corporations*, la famille professionnelle, qu'il avait au contraire pour mission de développer en l'élevant à l'état de *principe politique*.

Je pense, messieurs les Jurés, que vous aurez la bonté de reconnaître que le digne et logique complément de la grande mission de notre siècle sera l'installation pure et simple, mais générale, de la famille professionnelle; l'équilibre social de notre planète sera pour ainsi dire rétabli, et nous jouirons politiquement dans l'avenir, sans efforts ni révolutions, du printemps éternel dont jouissent les sociétés et les individus qui ont la sagesse de conformer leurs actes et leur vie aux lois de la nature, que Dieu a mises constamment devant nos yeux, mais que nous ne semblons ni voir ni connaître.

La famille professionnelle, c'est le droit, la justice, le progrès et la force, c'est l'équité fraternelle, enfin c'est *la solidarité proportionnelle et logique.*

J'espère et pressens que notre génération installera la famille professionnelle comme élément politique; mais, messieurs les mombres du Jury international, peu importe pour le résultat, cette solution est écrite dans le livre des destinées, elle est fatale et forcée ; c'est la seule route du progrès éternel, et Dieu a dit aux sociétés humaines : Vous passerez toutes par là.

Veuillez agréer, etc.

IDÉE GÉNÉRALE

DE LA

FAMILLE PROFESSIONNELLE

CONSTITUTION DE CELLE DE L'AMEUBLEMENT

PRISE POUR EXEMPLE

> L'ouvrier sera le meilleur des conservateurs le jour où, par une organisation intelligente sauvegardant tous les intérêts du travail, la société lui aura assuré son lendemain.

« *Il n'est pas bon que l'homme soit seul.* »

Ces paroles que l'auteur de la Genèse met dans la bouche de Dieu, personne, nous l'espérons, ne nous contestera le droit de les appliquer à la thèse sociale que nous soutenons.

Si les législateurs de 1791 les avaient profondément méditées, il est à croire qu'ils se seraient efforcés d'améliorer la constitution de nos anciennes corporations des métiers, au lieu de les abolir purement et simplement.

Le principe, en effet, de ces associations professionnelles, était excellent. Fondé sur cette loi qui s'impose rien qu'en s'énonçant : *L'union fait la force*, ce principe implique une nécessité humaine de premier ordre.

Après cela, que dans la pratique il ait subi des atteintes regrettables, que dans ses applications l'abus se soit glissé comme le ver dans un beau fruit, c'est là le sort des meilleures et des plus belles choses de ce monde.

Faut-il les rejeter et les anéantir? Ne vaut-il pas mieux les amender et les conserver après les avoir perfectionnées ?

A semblable question la réponse est toute faite.

Mais, à supposer même que les passions de l'homme soient un obstacle invincible à l'amélioration de l'institution dont il s'agit, ce que nous nions, ne serait-il pas juste de peser le bien et le mal qui seraient en elle. Et si le bien, ce qui est, l'emportait, qui oserait la condamner et la frapper de mort?

Jetons un rapide coup d'œil sur son histoire ; voyons ce qu'elle a été, énumérons les inconvénients, les défauts, les abus que ses adversaires signalent à sa charge; mais tenons compte aussi des résultats qu'elle a laissés, vivants et éclatants, après sa disparition.

Voyons surtout ce qu'elle peut devenir lorsque, dans un prochain avenir, elle renaîtra sous une forme adaptée à notre milieu social actuel.

Qu'a-t-on reproché, que reproche-t-on encore aujourd'hui à ces communautés industrielles? Les rivalités, les querelles de leurs différents corps de métiers, la longueur de l'apprentissage, les frais considérables et le *chef-d'œuvre* qu'exigeait le passage de l'état de compagnon à celui de maître, le monopole créé en faveur des maîtrises, l'exclusion systématique et rigoureuse de tout travailleur étranger à la corporation, l'inquisition accompagnée de toutes ses vexations, à laquelle le producteur non autorisé était en butte, la saisie et parfois même la destruction totale de sa production.

Ce sont certainement là des excès déplorables; mais à qui fera-t-on croire qu'une assemblée toute-puissante, comme l'était celle de 1791, n'aurait pas pu corriger et amender au lieu de frapper et détruire? Elle préféra l'amputation du membre qu'elle aurait dû conserver, et, pour le remplacer, elle décréta la liberté du travail, qui n'a été qu'une jambe de bois grâce à laquelle s'est soudainement ralentie la marche vers le progrès de toute la haute industrie d'art de la France.

Les corporations étaient des écoles, des centres d'instruction et de spécialités où l'on apprenait la partie d'art et de science relative à chaque industrie ; avec de la persévérance les hommes laborieux pouvaient ainsi arriver à l'indépendance ; en détruisant les corporations, l'État s'appropriait leurs immenses résultats en toutes choses.

Turgot avait déjà eu la même pensée, mais dans un but d'unité et de force pour l'État et non dans un but de progrès et d'affranchissement individuel.

Par leur destruction, le travail fut désorganisé pour l'avenir, et le règne de la camelote, de la spéculation et de l'ignorance dans la production fut créé du même coup, car tous les liens et toutes les garanties réciproques du travail n'existaient plus.

La vérité est que ces anciennes corporations, dont Étienne Boileau, prévôt de Paris sous Louis IX, nous a conservé les statuts dans son *Livre des Métiers*, ont su durant quatre siècles, élever et maintenir la production française à une hauteur et à une beauté que nous ne sommes pas encore parvenus à égaler. C'est appuyées sur leur forte et intelligente organisation qu'elles ont pu entreprendre et mener à si bonne fin cette multitude de travaux de tous genres, depuis la cathédrale jusqu'au bahut, depuis le bronze colossal jusqu'à la figurine d'ivoire, depuis l'armure repoussée au marteau et gravée de nielles merveilleux jusqu'à la clef de fer ciselée comme un bijou, depuis la fine miniature des manuscrits jusqu'au plat de reliure le plus délicat, depuis le cristal de roche taillé en buire svelte jusqu'à l'émail et à la faïence aux reflets phosphorescents, toutes créations où l'art est toujours et partout si intimement lié à l'industrie, et qui sont aujourd'hui l'honneur de nos villes et de nos musées.

Tous ces grands ou charmants modèles, il faut bien le reconnaître, laissent fort au-dessous d'eux nos copies aussi pâ-
les qu'obstinées.

C'est que pour atteindre à la perfection en toute œuvre il
faut une forte éducation, une longue pratique, les bons conseils et la savante direction des maîtres; il faut longtemps les
voir travailler afin de surprendre leur secret; il faut patiem-
ment s'approprier le goût sûr et la science qui les mènent à
assortir les détails aux ensembles, le génie du bon sens qui
leur permet — ce qui est leur suprême triomphe — d'unir le
beau à l'utile : il ne suffit pas d'être libre pour cela.

Ce serait donc une chose excellente et dont notre industrie
et notre art contemporains bénéficieraient largement, que la
fondation à nouveau de ces antiques corporations des métiers.

Cependant la liberté est un bien si précieux, et dans ce
qu'elle a de légitime si respectable, qu'il serait bon de trouver le moyen de l'introduire dans ces associations ressuscitées.

Ce moyen est bien simple.

En ces dernières années on a introduit un mot nouveau
dans la langue politique; on a dit :

« La Gauche *ouverte*, — la Gauche *fermée*; » — et chacun
connaît la signification de ces adjectifs.

Eh bien ! *que toutes les familles professionnelles soient ou-
vertes, qu'aucune ne soit fermée.* Qu'on soit libre d'y entrer,
qu'on soit libre d'en sortir (excepté cependant pour le centre
électoral du suffrage universel), et soudain toutes les objections
tombent, tous les inconvénients disparaissent. Les plus sérieux avantages subsistent seuls, et la liberté, loin d'affaiblir
la patriotique organisation de la famille professionnelle, lui
prêtera une force nouvelle en rendant volontaire toute adhésion qui viendra à elle.

Appuyé sur les considérations qui précèdent et sur celles que nous avons développées au deuxième chapitre de ce livre, nous proposons à l'Assemblée nationale de voter et au pouvoir exécutif de promulguer le décret suivant :

« Attendu que la commune, composée d'intérêts multiples et divers, a toujours été, dans la pensée de ses fondateurs, non un centre politique, mais bien un milieu administratif dont tous les intérêts deviennent communs dès qu'il ne s'agit que de la réglementation de la police et de l'assistance publique;

« Attendu que le nom de *commune* indique lui-même cette destination administrative;

« Attendu que les listes électorales dressées par les maires constituent la commune comme centre électoral et que toutes les lois restrictives de ce droit faussement attribué ne peuvent être que des causes de luttes;

« Attendu, d'autre part, que les intérêts généraux de toute profession sont identiquement les mêmes pour chacun de ses membres; que c'est là une condition sérieuse pour éviter les luttes civiles et inaugurer enfin une saine et féconde politique;

« DÉCRÈTE :

« Art. 1er. — Les corps de métiers sont rétablis sur les bases des anciennes corporations.

« Art. 2. — Ils prennent le nom de familles professionnelles.

« Art. 3. — Chaque famille professionnelle reste *ouverte*, sans autre condition que celle de son institution.

« Art. 4. — Les lois qui instituent la commune comme centre électoral, sont abrogées.

« Art. 5. — Le droit et la fonction de l'électorat sont attribués à la famille professionnelle dans chacun des départements de la France et de l'Algérie. »

En conséquence, les patrons, contre-maîtres, employés, chefs d'équipe, artistes et ouvriers de l'ameublement du département de la Seine, sont convoqués à la mairie de leur arrondissement pour Paris, et à celle de leur chef-lieu de canton pour la banlieue, afin d'y donner, sur un registre ouvert à cet effet, leur adhésion à la famille professionnelle, et y faire, en outre, la déclaration de la profession qu'ils exercent dans l'industrie de l'ameublement.

Les listes seront, au besoin, complétées au moyen des désignations professionnelles qui seront relevées sur les rôles des contributions et impositions de toute nature, de l'État, du département et des communes.

Les listes seront affichées, et les électeurs appelés à nommer par le suffrage universel direct, et au scrutin secret, leur conseil de famille.

Il y aura quatre circonscriptions électorales pour tout le département.

Les chambres syndicales des patrons et des ouvriers qui existent actuellement sont invitées à se réunir pour s'entendre sur le choix des candidats au conseil de famille.

Chaque spécialité de l'ameublement devra être représentée au conseil de famille en nombre égal de PRODUCTEURS et de TRAVAILLEURS dans la proportion de cinq pour cent du nombre total et par catégorie des électeurs de la famille.

Les producteurs comprennent : tous les patrons, commanditaires et entrepreneurs de travaux ayant affaire directement avec l'acheteur.

Les travailleurs comprennent : tous les contre-maîtres, chefs d'équipe, ouvriers, employés, dessinateurs, etc., faisant partie de la famille.

Nul n'est éligible s'il n'est électeur inscrit et âgé de vingt-trois ans accomplis ;

Le conseil est élu pour neuf ans ; il est renouvelable tous les trois ans par tiers, laissant ainsi la place au mérite et aux activités nouvelles.

. En cas de non-acceptation des fonctions, démissions ou autres causes, de la part d'un ou plusieurs membres, il est procédé à de nouvelles élections dans le mois qui suit.

La mission du conseil de famille est de protéger les intérêts multiples de toute la corporation par l'exemple du TRAVAIL, du MÉRITE, du DEVOIR et du DÉVOUEMENT.

L'acceptation des fonctions au conseil de famille implique de la part des citoyens élus, outre un dévouement sincère, le devoir de consacrer à la bonne administration des intérêts généraux de la corporation tout le temps nécessaire à l'expédition des affaires.

Les conseillers-syndics, ayant, en corps, le droit de contrôle économique sur toutes les administrations touchant leurs spécialités, veillent sur les intérêts généraux de la famille professionnelle de l'ameublement.

FONCTIONNEMENT

Tout s'acquiert par le travail.

Le conseil de famille de l'ameublement du département de la Seine se réunira à Paris, dans un local qui lui sera affecté spécialement par le département.

Il nomme son bureau, composé de :

Un président, trois vice-présidents, trois secrétaires, un trésorier;

Il nomme en outre trois commissions de cent membres chacune, renouvelables tous les ans, lesquelles forment leurs bureaux séparément; elles ont un secrétaire-avocat et un agent comptable salariés et désignés par les bureaux de leurs familles professionnelles.

Ces commissions reçoivent les désignations suivantes :

Commission des améliorations et progrès ;

Commission de l'instruction, du travail et de l'apprentissage ;

Commission des affaires litigieuses et discussions de toute nature.

Chaque année, au moment de leur entrée en fonctions, ces commissions tirent au sort les sept membres devant avoir la direction mensuelle pour l'expédition des affaires de chacune d'elles, ce qui fait quatre-vingt-quatre membres fonctionnant à tour de rôle.

Les seize membres de chaque commission non atteints par le sort seront désignés à tour de rôle pour suppléer leurs collègues empêchés.

Le bureau du conseil de famille est renouvelé tous les ans ; il fonctionne constamment et distribue les affaires aux commissions.

Les membres du bureau, ainsi que ceux des commissions du conseil de famille, sont rééligibles s'ils acceptent la continuation du mandat.

En cas d'empêchement légitime du président du bureau du conseil de famille, l'intérim est tenu par le plus âgé des trois vice-présidents.

Aucun procès ne pourra être intenté, soit entre les membres de la famille professionnelle de l'ameublement, soit entre ceux-ci et les membres des autres familles professionnelles, sans qu'au préalable les parties se soient présentées en conciliation devant la commission ou les commissions des affaires litigieuses réunies, quelles que soient la nature et les causes du différend.

Le conseil de famille se réunit tous les ans, au mois de mai, en assemblée générale, pour procéder au renouvellement annuel de son bureau et de ses commissions, entendre la lecture, par l'un des secrétaires, des rapports présentés par le bureau et les commissions, les résumés faits par les présidents sur les travaux de l'année, sur les améliorations obtenues, les débouchés ouverts aux produits de la corporation, les progrès faits dans l'instruction théorique et pratique par les adultes et apprentis de la famille; sur les améliorations d'hygiène et de salubrité pour ce qui concerne le logement, la nourriture, l'épargne et le travail de tous ses membres.

Tous ces documents seront insérés dans un numéro spécial du *Moniteur de la Famille professionnelle*. Ce numéro contiendra en outre le détail explicatif des choses utiles, pratiques et spéciales aux professions de l'ameublement, dont le développement progressif aura été constaté et apprécié dans le cours de l'année par le conseil de famille.

Seront également insérés les noms de ceux des membres de la corporation qui auront indiqué, par lettres au conseil, des sujets d'étude pour une amélioration sérieuse à apporter dans les conditions du travail, de l'instruction ou de la vie.

La prise en considération par la commission des améliorations et du progrès du contenu de ces lettres, vaudra à leurs auteurs la *mise à l'ordre du jour de leurs noms* dans le procès-verbal et les comptes rendus de la séance annuelle du conseil de famille, et l'inscription sur leur livret individuel d'une mention honorable pour le service rendu par eux.

(3e édition, pag. 42-43.)

Ce numéro spécial du *Moniteur de la Famille professionnelle* contiendra aussi les noms et adresses des membres sortants du bureau et des commissions et des nouveaux entrant en fonctions, le résumé des conseils sur l'hygiène donnés par les médecins et les pharmaciens de la famille, le détail des inventions nouvelles utiles aux professions de la corporation, les décisions de l'assemblée générale du conseil, etc., etc.;

Enfin, un exemplaire de ce numéro spécial sera envoyé gratuitement à tous les électeurs de la famille de l'ameublement.

DES COMMISSIONS

COMMISSION DES AMÉLIORATIONS ET PROGRÈS.

> Faire tout gagner à l'homme par ce qu'il produit, c'est tripler ses forces et son émulation.

Cette commission est le conseil de surveillance des intérêts généraux de la famille; elle est en rapport constant avec les sections du commerce, des transports et débouchés des ministères de l'intérieur et des affaires étrangères.

Les membres de la famille sont constamment renseignés par elle sur les contrées où leurs produits sont demandés, et sur le meilleur mode d'acquisitions et de transports des matières premières.

Par les consulats, elle protége les expéditions et le recouvrement de la valeur des marchandises exportées.

Elle facilite l'envoi des échantillons dans tous les comptoirs que possède la France, et protége dans le monde entier, par les consuls, les intérêts de ses adhérents; elle veille à l'honnêteté des transactions de part et d'autre.

Les frais généraux des services matériels qu'elle rend de ce chef aux membres de la famille sont remboursés par ces derniers aux prix de revient.

Toute commission ou remise quelconque perçue par un membre du conseil ou des commissions est considérée et punie comme un délit.

(3ᵉ édition, pag. 55-56.)

La commission reçoit des membres de la famille toutes communications relatives à son titre; elle discute les projets, fait des rapports aux conseils de famille et aux grands pouvoirs publics sur l'avis du bureau de la corporation.

Elle dirige la caisse d'épargne de la famille. Cette caisse a deux sections :

L'une, dite des intérêts privés, qui s'occupe du meilleur mode de placement et de rapport des épargnes personnelles;

L'autre, des intérêts généraux ; elle jouit de la part de bénéfice qui lui est attribuée sur les impôts, les industries complémentaires, les dons de toute nature et droits de chambre pour les conciliations.

La commission des améliorations et progrès s'occupe de la construction et formation des villages d'ouvriers, lesquels rendent le travailleur propriétaire par le seul payement de son loyer.

(3ᵉ édition, pag. 86 à 89 inclusivement.)

COMMISSION DU TRAVAIL ET DES APPRENTISSAGES.

Le génie : c'est prévoyance et persévérance.

Cette commission a pour but principal de veiller à ce que tout enfant de la famille, de l'un ou de l'autre sexe, apprenne sérieusement un métier, un état ou un emploi, à moins de renonciation pour lui, par les parents, au bénéfice des grandes caisses nationales, et ce par un écrit qui sera valable jusqu'à la première majorité de l'enfant (dix-huit ans).

(3ᵉ édition, pag. 40-45.)

Les parents prendront l'engagement de pourvoir jusque-là à l'instruction primaire (au moins) de l'enfant.

Elle veille :

Premièrement, à ce que le nombre des apprentis, dans tous les ateliers des professions de la famille, soit en rapport avec le nombre des ouvriers et les besoins croissants de la consommation ;

Deuxièmement, à la moralité de leur existence, de leur travail et de leurs relations ;

Troisièmement, aux conditions hygiéniques qui leur sont spécialement utiles ;

Quatrièmement, à leur instruction professionnelle et théorique.

Elle rédige les contrats d'apprentissage, après avoir soumis préalablement à l'approbation du conseil de famille les modèles généraux relatifs à chaque profession de la famille.

(3ᵉ édition, pag. 91, 92 et 93.)

Elle sollicite et s'assure le concours des dames recommandables de la corporation pour surveiller, dans les conditions ci-dessus, l'apprentissage des jeunes filles dans les professions de la famille qui permettent l'emploi des femmes.

Elle fait donner des secours aux parents qui en ont besoin, pour subvenir aux frais de nourriture et d'entretien des enfants en apprentissage, par les bureaux de bienfaisance, la caisse d'épargne d'intérêt général et les avances des patrons ; elle veille à la sincérité de ces besoins.

Elle nomme ses présidents et les membres des commissions de patrons et d'ouvriers pour la confection équitable des tarifs de travail à façon de chacune des professions spéciales de la corporation. Ces tarifs sont, au besoin, révisés tous les ans ; ils restent déposés dans les archives de la commission et ne sont communiqués qu'aux intéressés. Un exemplaire est également déposé aux archives du conseil de famille. Ils devront être détaillés comme le tarif Morel, afin que le travail des machines vienne aider les hommes dans ce qu'il y a de plus fatigant, et développer ainsi l'intelligence des travailleurs.

(3ᵉ édition, pag. 132-133.)
(Prud'hommes.)

Dans ces tarifs, on donnera aux ouvriers la qualification de TRAVAILLEURS, et aux patrons et entrepreneurs celle de PRODUCTEURS.

Le travail aux pièces est recommandé comme le seul qui entretienne l'émulation chez le travailleur.

Le travail à la journée est employé le moins possible; il se traite à prix débattu; néanmoins, les tarifs devront contenir à la fin les prix généralement admis pour toutes les spécialités.

La commission du travail et des apprentissages nomme une section dite des Rouleurs, dont les membres sont chargés de procurer du travail aux ouvriers en chômage et des secours aux malades et aux blessés.

Cette section donne les renseignements aux grandes caisses nationales pour les secours auxquels ont droit, par l'impôt et le travail, tous les membres de la famille. Elle tient toujours ouverts aux intéressés des registres où sont inscrites toutes les demandes et offres de travail et d'emploi, qu'elle affiche au besoin.

Elle donne confidentiellement tous renseignements relatifs à sa mission.

(3e édition, pag. 62-63.)

La commission veille à ce que tous les éléments et moyens d'instruction soient mis le plus facilement possible à la portée des ouvriers, des apprentis et de tous les membres de la corporation, par les écoles du jour et du soir, par les bibliothèques, les contre-maîtres, les conférenciers, etc., etc. Elle facilite aux familles le prêt de livres par les bibliothèques communales.

Elle organise, le dimanche, des promenades instructives ainsi que des leçons de gymnastique pour les apprentis.

Les promenades instructives ont lieu aux expositions et dans les musées, où les contre-maîtres et professeurs expliqueront le plus possible l'utilité des objets visités et remarqués, et en feront ressortir toute la beauté au point de vue de l'art et de l'exécution.

La gymnastique comprendra l'enseignement des exercices militaires.

Ces études et exercices seront donnés sous la direction et d'après les avis du grand Conseil de l'instruction publique du département de la Seine.

———

COMMISSION DES AFFAIRES LITIGIEUSES
DU CONTENTIEUX
ET DES DIFFÉRENDS DE TOUTE NATURE.

> **Un mauvais arrangement vaut mieux
> qu'un bon procès.**

La commission des affaires litigieuses est constituée de manière à ce que ses membres soient aptes à être choisis comme experts et arbitres amiables compositeurs dans tous les différends de la famille, ou des familles.

(3e édition, pag. 53-54.)

Elle est divisée en douze sections de sept membres chacune tirés au sort, et fonctionnant ainsi qu'il a été dit plus haut, au chapitre du FONCTIONNEMENT.

La commission nomme un avocat et un comptable pris dans leurs familles professionnelles et présentés par celles-ci. Ils remplissent les fonctions de secrétaires auprès de toutes les sections siégeant isolément et de la commission réunie; ils sont salariés.

Ils sont, autant que possible, choisis parmi ceux de leurs professions les plus au courant des affaires en matière de faillite, liquidation, expertise, etc.; ils étudient les tarifs du travail, les habitudes et coutumes dans les transactions, afin de pouvoir renseigner au besoin et instantanément les membres des sections et de la commission en séance.

Ils tiennent une comptabilité exacte de toutes les affaires et sont commis à la garde des archives de toutes les affaires litigieuses.

La commission a notamment pour but la conciliation, sous toutes les formes, de tous les différends soumis à son jugement. Elle ne devra laisser échapper aucune occasion d'enseigner et rappeler aux parties la véritable notion du *mien* et du *tien*, que trop souvent elles ignorent ou méconnaissent. A cet égard, elle leur enseignera que le plus sûr moyen d'être fixé équitablement sur son droit, c'est de se mettre pour un instant aux lieu et place de son adversaire.

La commission entière des affaires litigieuses tient une séance générale et d'appel tous les mois, et plus si besoin est.

Le président de la famille ou l'un des vice-présidents occupe le fauteuil.

La commission choisit ses jours et heures de séance, qui sont indiqués dans les lettres de convocation.

Elle connaît de toutes les affaires qui lui sont envoyées par les tribunaux, les familles professionnelles et syndicats du département et de toute la France, ainsi que de celles qui sont soumises à son appréciation par les parties elles-mêmes. Dans ce dernier cas celles-ci doivent prendre l'engagement écrit de s'en rapporter au jugement de la section en fonction, avec le seul droit d'appel devant la commission, siégeant en séance générale sous la présidence du président de la famille.

La section mensuelle de la commission tient séance tous les jours, le dimanche excepté.

Deux séances par semaine sont consacrées aux différends entre les producteurs et les travailleurs.

(3e édition. Justice, titre II, pag. 127 à 131.)

Deux séances pour les règlements de comptes, mémoires, factures, estimations, etc.

Deux séances pour les affaires en général, faillites, liquidations, etc.

Les affaires n'ayant pu être conciliées seront renvoyées devant les tribunaux compétents avec un rapport explicatif et émettant l'avis de la commission.

COMITÉ CONSULTATIF.

Un comité consultatif, composé des secrétaires des trois commissions, sera tenu une heure avant les séances des sections permanentes des trois commissions, à l'effet de donner gratuitement des avis et conseils à tous ceux des membres de la famille qui les solliciteront.

LE PRÉSIDENT.

La corporation de l'ameublement correspond avec les grands pouvoirs de l'État par son président, qui est de droit membre du syndicat général, lequel dirige le département comme conseil général.

(3e édition, pag. 6, 49 et 55.)

Elle correspond également par le président du syndicat général, qui est de droit le pair de France pour le département.

(3e édition, pag. 6-7.)

ÉLECTION DES DÉPUTÉS.

Le conseil de famille se réunit et choisit parmi les membres de la corporation le candidat qui lui semble le plus capable de représenter les intérêts du travail et de la production de la famille de l'ameublement.

(3e édition, pag. 5, 49 et 51.)

Le syndicat général du département se réunit ensuite et choisit les candidats en nombre triple des députés à nommer, parmi les noms que chaque famille professionnelle, chaque groupe de conseils municipaux et de comices agricoles lui ont désignés.

Les électeurs du suffrage universel de tout le département choisissent et nomment le tiers des noms présentés par leur syndicat général, à la majorité relative; les élus reçoivent un mandat de neuf années.

(3e édition, pag. 51.)

La Chambre des députés est renouvelable par tiers tous les trois ans.

CONSIDÉRATIONS.

Composée de membres dont le choix aura été soumis à l'examen éclairé de toutes les familles professionnelles, des conseils municipaux, des comices agricoles et enfin des syndicats généraux des départements, tous corps constitués puisant leur autorité dans le suffrage universel dont ils émanent; étant, par suite, l'expression la plus vraie et la plus pure de l'estime générale, et la manifestation la plus sincère de l'opinion publique, la Chambre des députés inaugurera la véritable politique des affaires et des intérêts, car elle représentera le travail et la production, les deux bases fondamentales de toute société civilisée.

(3e édition, pag. 7-8.)

L'organisation de la société en familles professionnelles fera monter sensiblement le niveau moral, car la moralité de tous les actes de la vie civile sera vue comme à travers une maison de verre, par tout le monde.

Le différend d'un citoyen pourra être concilié par des collègues qui pourront, quelque temps après, passer à leur tour en conciliation devant lui. La maxime : *Fais à autrui ce que tu* voudrais qu'il *fît pour toi*, sera donc mise tous les jours en pratique, ce sera la loi lumineuse des relations.

Il est constant que quatre-vingt-dix-huit sur cent voleurs et assassins ne voleraient et n'assassineraient pas s'ils étaient sûrs d'être vus. Eh bien! dans la famille professionnelle comme dans la famille consanguine, tous les actes qui intéressent le prochain sont vus et forcément jugés.

CONSÉQUENCES.

(2e édition, page 37.)

La propriété est sacrée, car elle représente l'épargne.

———

La famille professionnelle, c'est la garantie de la propriété de tous par le travail et l'épargne.

Nous venons d'esquisser à grands traits l'organisation générale et quelques détails d'une famille professionnelle que nous qualifierons de deuxième rail indispensable à la marche du progrès.

(3e édition, pag. 29-30.)

La division électorale de la France par familles professionnelles remplacerait les communes actuelles. Cette division par communes est une profonde erreur sociale. La commune est un centre d'intérêt général, au point de vue de la réglementation; mais la famille professionnelle seule est le centre électoral et politique. Par cela le travail et la production, c'est-à-dire la production humaine, dirigeront eux-mêmes tous leurs intérêts.

Ces familles, organisées selon l'esprit des corporations épuré, grandement élargi et mis en rapport avec notre époque, se guide-

raient par leur propre initiative. *Notre société aurait ainsi une forme stable selon les lois divines. Tout ce qui, dans l'organisation actuelle, est regardé comme vil plomb, deviendrait bientôt or pur.*

Ce fait, qui peut paraître extraordinaire et impossible dans son application, se produira de suite en remplaçant simplement **l'intérêt privé**, *qui domine partout, par* **l'intérêt général**, *chassé de presque toutes nos institutions par l'orgueil et l'égoïsme.*

Cela doublera la richesse de ceux qui possèdent, et rendra riches ceux qui ne possèdent pas encore.

Mais il est facile de comprendre qu'il n'a pas été possible d'énumérer ici toutes les conséquences de bien-être et de force qui seront apportés dans l'organisation et le fonctionnement, par les frottements journaliers des intérêts de toutes les professions, protégés par les grands pouvoirs de l'État qui en seront issus.

Les citoyens trouveront dans ce règne de la fraternité et de la solidarité mille développements de production et de protection qu'il serait long et difficile d'indiquer exactement.

Peu de temps après l'établissement général, les relations avec l'étranger se transformeront pour se mettre à l'unisson de ce genre de relations qui engendre le bien de tous, protège, assure et agrandit tous les résultats.

FONCTIONNEMENT GÉNÉRAL

SYNDICATS GÉNÉRAUX.

Par les *Syndicats généraux* des départements les familles

professionnelles veillent à tous les intérêts généraux de la France par le travail et la bonne administration.

PAIRS DE FRANCE.

Par les *Présidents des Syndicats généraux*, qui forment la *Chambre des Pairs*, elles veillent à ce qu'aucune loi, faite sous la pression des passions du moment, ne puisse venir rompre l'harmonie de la marche générale et individuelle du progrès découlant de leur salutaire institution.

GRAND CONSEIL DE L'INSTRUCTION PUBLIQUE.

Par le *grand Conseil de l'instruction publique*, pris dans leur sein, elles aident incessamment au triomphe du savoir contre l'ignorance.

GRAND CONSEIL DE L'ARMÉE FRANÇAISE.

Par le *grand Conseil de l'armée*, pris également dans leur sein, elles veillent à ce que le temps passé sous les drapeaux par les citoyens soit utile à la France et à eux-mêmes. L'armée française, où viendront se confondre toutes les classes de la société, doit prendre des paysans pour faire d'eux des citoyens instruits, connaissant à fond une excellente profession choisie par eux, et les renvoyer, bien dotés par leur travail, dans leurs foyers où ils deviendront d'excellents pères de famille, aptes à donner le bon exemple et à se rendre utiles aux progrès de leurs compatriotes.

POUVOIR EXÉCUTIF.

Enfin, par le *Pouvoir exécutif* issu soit de toute la France, soit acclamé par les députés nommés par elle, les familles professionnelles exercent un utile contrôle sur l'exécution intelligente, de l'ensemble et du détail des lois.

Du reste, les ministres, les diplomates et les préfets pris par le pouvoir exécutif dans les syndicats généraux, les grands conseils de l'instruction publique et des armées françaises, dans les académies provinciales ou même dans les conseils de famille de toutes les professions, seront des hommes imbus de l'esprit de la deuxième famille, et rendront par cela le service facile.

Le pouvoir exécutif aura surtout la mission de maître de maison ; il devra faire représenter dignement la France à l'extérieur et à l'intérieur; enfin sa mission générale est résumée dans la **Revanche de la France par le travail**, 3e édition, page 53 : *Faciliter, par tous les droits et devoirs que la Constitution et les lois mettent en son pouvoir, le flux et reflux des forces morales et matérielles de la France et de sa population, des extrémités aux centres et des centres aux extrémités.*

ORGANISATION GÉNÉRALE

DES TROIS GRANDES CAISSES NATIONALES.

> Le plus possible de charité morale,
> le moins possible de charité matérielle.
> Faire tout gagner à l'homme par ce
> qu'il produit, c'est tripler ses forces et
> son émulation.

1. — La société française garantit la *sûreté entière du lendemain*, à tous les producteurs et à tous les travailleurs;

2. — Elle aide à la *rédemption morale et matérielle* de tous ses enfants par le travail et l'instruction.

3. — Tout Français *doit*, outre les impôts, une taxe proportionnelle de cinq à vingt-cinq centimes par jour de travail, selon l'importance des localités et des salaires, comme prime unique d'assurance pour la sûreté *entière* de son lendemain, en cas de chômage, de maladies, d'infirmités, de vieillesse ou d'incapacité.

4. — Le payement de cette prime étant obligatoire pour tous, la taxe proportionnelle afférente à chaque localité s'établit, et le recouvrement s'en opère comme en matière d'impôts, ET REMPLACE COMPLÈTEMENT ET ABSOLUMENT LA COTE PERSONNELLE.

5. — Les patrons ou les établissements professionnels sont tenus au payement de ladite prime, pour les élèves et apprentis, pendant toute la durée du contrat d'apprentissage.

6. — A cet effet, il est créé trois sociétés nationales ayant leur centre à Paris et une succursale dans chaque chef-lieu de département, avec un bureau de payements et recettes dans chaque canton : à la maison commune dans les villes, à la ferme-école dans les cantons ruraux.

(3e édition, page 73.)

Elles prennent la dénomination de :

1° Société nationale de secours en général en cas de maladie;

2° Société nationale d'assurances contre le chômage;

3° Société nationale des caisses hypothécaire, de retraite et des invalides du travail.

7. — Chacune de ces caisses, outre les dons et allocations de toute nature qui peuvent leur être faites par les particuliers ou par l'État, reçoivent la totalité de la prime d'assurance dans la proportion d'un cinquième pour chacune des deux premières, et de trois cinquièmes pour la troisième, avec faculté de virement entre elles en cas d'insuffisance.

8. — Après l'extinction de la totalité de la dette nationale, la prime cessera d'être perçue, et l'alimentation des trois grandes caisses nationales sera prélevée sur les impôts publics.

9. — Les fonds qui sont la propriété de ces trois caisses, quelle

que soit leur provenance, sont placés en première hypothèque sur toute la surface du sol de la France et de ses colonies.

10. — Aucun autre mode de placement ne peut être décidé sans l'assentiment de la majorité des électeurs du suffrage universel de toute la France.

Le fonctionnement régulier des trois grandes caisses garantira ainsi à chaque citoyen *son lendemain*, et lui assurera même, lorsque le moment du repos sera venu, une rente proportionnée à ses versements, et qui, d'après les calculs connus et constatés par les compagnies d'assurances actuelles, ne sera pas inférieure à 500, 1,000 et 1,500 francs.

LA LIBERTÉ

Ce mot a été à la fois le drapeau de l'affranchissement, puis l'arme à deux tranchants dont se sont servis tous les hommes politiques depuis soixante-dix ans.

L'ignorance des choses pratiques a permis de faire de ce substantif nul et faux en tous points, depuis la nuit du 4 août 1789, le mot du commencement et de la fin de toutes les oppositions politiques, des despotismes et des pouvoirs plus anodins qui se sont succédé depuis cette époque.

La liberté n'est qu'un mot sans aucune portée véritable; personne n'est libre vis-à-vis des lois de la nature et des obligations qu'elles nous imposent. La pratique de la liberté à ce point de vue, c'est le crime, le délit ou au moins la licence.

Les libertés personnelles et collectives sont limitées *par les lois et le devoir;* celui qui ne sait pas dire quelle est la loi qui le gêne, ou quelle est celle dont il a besoin pour le protéger davantage, est un être inintelligent quand il est de bonne foi, et un homme dangereux quand il connaît le néant du mot qu'il prononce.

Celui qui comprend la splendeur du devoir est lié, par cela même, à tout ce qui l'entoure ainsi qu'à ceux avec lesquels il traite ou produit quoi que ce soit.

L'honnête homme jouit donc de la seule liberté de n'être jamais libre dans toutes ses positions sur l'échelle sociale.

Et le mot *liberté* est dans toutes les bouches ! ! !

On a brûlé Paris en 1871, au nom de la liberté et croyant la défendre !

C'est, à n'en pas douter, le *libre arbitre* que les masses comprennent instinctivement dans le mot liberté ; sans cela ce mot creux et faux n'aurait jamais eu la vogue dont il jouit depuis trop longtemps.

Oui, c'est le *libre arbitre* qu'il faut développer chez l'homme, en lui prouvant que la seule route du progrès et du bonheur, c'est le *travail* et le *devoir*.

Lamartine, à qui un ami reprochait doucement les quêtes faites à son bénéfice, s'excusait en répondant que c'était un peu de liberté qu'il réclamait ainsi à ses compatriotes.

En effet, l'homme dans le besoin n'est pas libre ; celui qui est menacé de la misère et de ses terribles conséquences pour lui et pour ceux qu'il aime est dans une position affreuse ; l'individu qui alors reste vertueux jusqu'au bout est un *être sublime* ; dans tous les cas, cet homme n'est pas dans son état normal, il ne jouit pas de son véritable *libre arbitre*.

La société n'aura rendu tous ses enfants libres que le jour où, contre la preuve de leur obéissance à la loi du travail, elle aura assuré *leur lendemain*, en cas de maladie, chômage, vieillesse ou incapacité !

Le paresseux mérite et a besoin de la perspective de la misère pour réveiller en lui les nobles qualités du travail qui y sont endormies.

Mais le laborieux, en payant sa part des taxes, doit être exempté de cette grave préoccupation.

La société française peut le faire facilement au profit de tous ceux qui le méritent, avec une faible part des impôts publics. Elle n'a besoin pour cela, à l'heure qu'il est, que de la vertu suffisante pour accomplir ce grand acte de prévoyance et de justice.

PRÉPARATION

DES

CHAMPS DE BATAILLE DE L'AVENIR

ENTRE LES CLASSES DE LA SOCIÉTÉ

Une des faussés spéculations de la société française

La *famille professionnelle*, comme tout ce qui procède directement des lois de la nature, pousse seule sur l'arbre social, mais chacune de ses manifestations a été jusqu'ici amoindrie par l'égoïsme et l'ignorance.

Le compagnonnage des ouvriers date officiellement du temple de Salomon, mais en réalité il existait bien avant; après la tribu, c'est la première forme connue de la famille professionnelle.

Les corporations nées aussitôt le retour du travail; après les bouleversements occasionnés partout par la chute du colossal empire romain, en sont la deuxième manifestation générale.

.'.

Saint Louis a accordé des franchises aux corporations et une certaine organisation ; cet esprit bon et prévoyant avait compris le sens fraternel, moral et progressif que contenait cette institution créée par le besoin de protection et d'enseignement réciproque.

.'.

Après la destruction des corporations en 1791, et aussitôt que l'apaisement de la tourmente eut permis au travail et aux transactions de reprendre leur cours, l'esprit d'association des intérêts organisés, qui depuis douze siècles s'appelaient des corporations, et, depuis quarante siècles, le compagnonnage, reparut aussitôt sous d'autres noms.

.'.

Syndicat des agents de change, chambre des notaires, cercle des marchands, chambre du commerce, chambres syndicales du bâtiment et des diverses industries, etc., etc., se sont successivement fondés et formés ; bref, il y a aujourd'hui, à Paris seulement, environ cent cinquante chambres syndicales, lesquelles, sous divers noms, sont de véritables centres corporatifs établis pour la défense et le développement des intérêts généraux de leurs adhérents.

Cela représente le *bien* et le *vrai;* les hommes qui se réunissent pour s'instruire et se soutenir obéissent à la loi divine : la *solidarité.*

Mais le cas présent contient *un grand danger,* car toutes ces chambres syndicales sont composées de ce qu'on appelle *les bourgeois;* le haut et le bas de la société n'y sont pas encore représentés.

Aussitôt que la loi qui permet les coalitions fut décrétée (1864), les ouvriers parisiens, obéissant instinctivement au principe naturel, l'union fait la force, se hâtèrent d'établir les corporations et les chambres syndicales d'ouvriers.

Une trentaine environ existent actuellement dans Paris; dix ou quinze bonnes années d'affaires doubleront ce nombre et rendront celles qui existent fortement organisées; l'entente sera beaucoup plus difficile qu'aujourd'hui, les antagonismes se multiplieront de plus en plus, car, par la division de groupes, les intérêts se séparent au lieu de se réunir.

Voilà évidemment, pour les hommes prévoyants, une des plus

importantes préparations de la prochaine révolution. Quels seront sa forme, sa naissance, sa durée et ses résultats divers; il est difficile de bien le préciser; mais son résultat définitif est facile à prédire : ce sera l'établissement général des *familles professionnelles*, en dehors desquelles aucun citoyen français ne pourra avoir une existence politique.

.˙.

Pourquoi donc ne pas les établir de suite et éviter le volcan qui nous menace et duquel sortira fatalement, inévitablement, la *famille professionnelle*, que nous pouvons établir aujourd'hui même sans difficulté, évitant ainsi bien des malheurs pour les remplacer par le bien-être, la force intelligente et le bonheur général ?

.˙.

Tout, dans la société que nous a léguée 89, est organisé pour le combat et la destruction.

.˙.

Tandis que tout, dans une société en progrès, doit être organisé pour la concorde et la production.

.˙.

Empêchons donc, dans l'avenir, l'augmentation de nos maux, considérons toujours notre pauvre France saignée à blanc par les guerres civiles et étrangères, songeons bien que ces immenses malheurs sont les fils de nos discordes et de l'imperfection des rouages de notre société, dévoyée par les fausses directions et interprétations données aux principes de 1789.

*
* *

Éclairés par nos désastres, unissons-nous tous, pères de famille, travailleurs, propriétaires, commerçants, artistes et producteurs, qui avons soif de la paix, du progrès régulier et de concorde pour demander l'installation générale de la *famille professionnelle*, qui doit faire aimer les hommes entre eux par la réglementation équitable de tous leurs intérêts *par eux-mêmes et pour eux-mêmes.*

*
* *

Le jour où la société sera organisée de façon à ce que le bien-être de chacun par la production soit la cause *seule et directe* de celui de tous, que cette vérité sera élémentaire comme la lumière qu'elle représente, la société sera défini-tivement en marche, appuyée sur les deux seuls rails du progrès indéfini.

*
* *

Ces deux rails sont la *famille consanguine légale* que le christianisme nous a donnée et la *famille professionnelle* générale dont un avenir prochain, demain peut-être, va nous doter.

*
* *

L'organisation relative du travail, représentée par les

corporations, a créé tous les chefs-d'œuvre de l'industrie avant 1789, auprès desquels nous ne sommes encore que des enfants; les corporations ont encore créé la génération grande et vaillante qui a fourni les armées de la République et de l'Empire.

.'.

Tandis que le règne de l'individualisme, que les gouvernants ont fait ressortir en faussant les principes de 89, a créé seulement la génération actuelle, efféminée par l'isolement, l'égoïsme et la corruption qui se présentent effrontément à tous les yeux depuis soixante-dix ans, comme la seule voie du succès.

.'.

Mais que mes lecteurs entendent bien, ceci n'indique pas le retour aux abus détruits dans la nuit du 4 août 1789; au contraire, ceci implique le développement vrai, selon les lois naturelles, de ce qui a été décidé de grand et de généreux dans cette nuit mémorable.

.'.

Mais non pas l'individualisme tel qu'il en est sorti, lequel met les populations françaises entièrement dans la main du pouvoir, quel qu'il puisse être, et qui ne leur laisse plus d'autre choix quand la mesure est comblée par l'égoïsme aveugle des dirigeants, entre l'opposition à outrance ou la servilité quand même.

.'.

Le *diviser pour régner* qui découle de tout ce qui a été mal refait depuis ce temps doit donc être au plus tôt détruit et annulé; cette révolution toute morale sera la dernière et la meilleure. L'installation de la *famille professionnelle*, comme seul élément politique et social, en sera le résultat immédiat, et le progrès naturel et indéfini la conséquence inévitable.

FIN.

1583-5 — Imp Jouaust, rue Saint-Honoré, 338

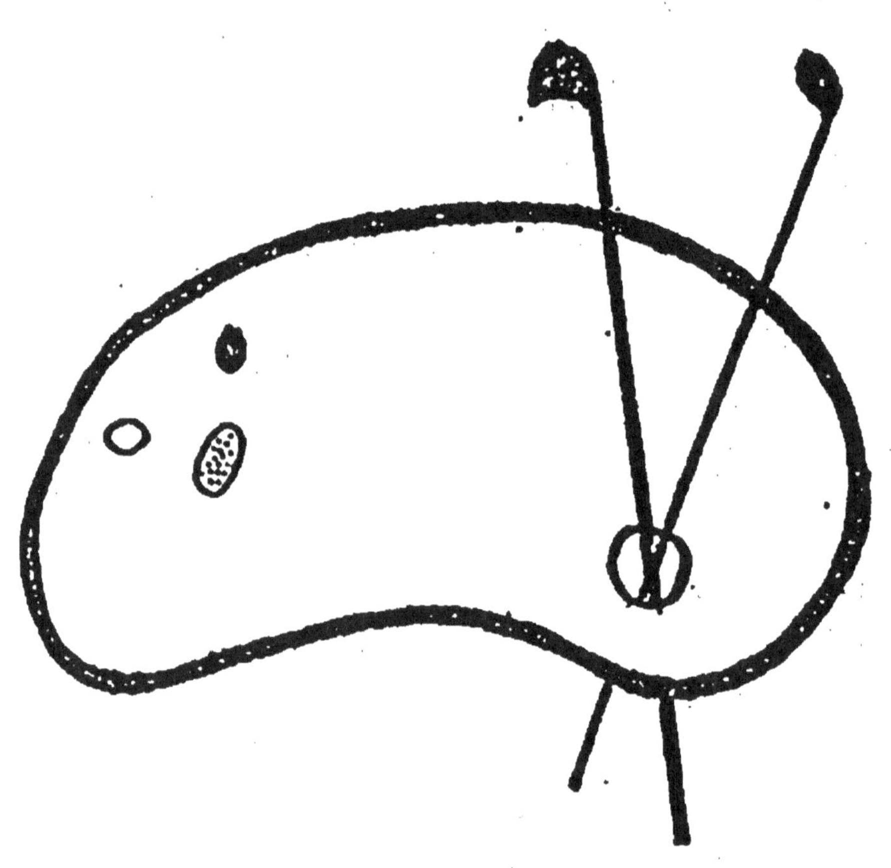

ORIGINAL EN COULEUR
NP Z 43-120-8